LES FAUX BONSHOMMES, c. 4 a., Th. BARRIÈRE, E. CAPENDU. 2 »
LA BELLE GABRIELLE, drame en 5 actes, par A. MAQUET. 2 »

BIBLIOTHÈQUE DRAMATIQUE
Théâtre moderne.

AVEZ-VOUS BESOIN D'ARGENT ?

PARODIE

Par MM. SIRAUDIN et BOURDOIS

Prix : 60 centimes

CHEZ LES MÊMES ÉDITEURS — EN VENTE :

L'ANCIEN RÉGIME ET LA RÉVOLUTION
Par ALEXIS DE TOCQUEVILLE. — Un beau volume in-8°. 7 fr. 50

ÉTUDES D'HISTOIRE RELIGIEUSE
Par ERNEST RENAN. — Un beau volume in-8°, 7 fr. 50

LES CONTEMPLATIONS
Par VICTOR HUGO. — 2 beaux volumes in-8°, 12 francs.

PROMENADE EN AMÉRIQUE
Par J. J. AMPÈRE. — 2 beaux volumes in-8°, 12 francs.

BEAUMARCHAIS ET SON TEMPS
Par LOUIS DE LOMENIE. — 2 beaux volumes in-8°, 15 francs.

LETTRES SUR L'ÉGYPTE
Par J. BARTHÉLEMY SAINT-HILAIRE. — 1 beau vol. in-8°, 7 fr. 50

MICHEL LÉVY FRÈRES, LIBRAIRES-ÉDITEURS,
RUE VIVIENNE, 2 BIS
PARIS — 1857.

FIONA, comédie en 4 actes, par MARIO UCHARD...... 2 »

MUSÉE LITTÉRAIRE DU SIÈCLE

CHOIX DES MEILLEURS OUVRAGES MODERNES.

Il paraît deux livraisons par semaine, ou une série tous les quinze j
20 centimes la livraison, composée de 24 pages.

EN VENTE, OUVRAGES COMPLETS :

ALEXANDRE DUMAS.

Les Trois Mousquetaires...	1 vol.	1 50
Vingt ans après...	—	2 »
Le Vicomte de Bragelonne...	—	4 50
Le Chev. de Maison-Rouge..	—	1 10
Le Comte de Monte-Cristo...	—	3 60
La Reine Margot...	—	1 50
Ascanio...	—	1 30
La Dame de Monsoreau...	—	2 20
Amaury...	—	» 90
Les Frères corses...	—	» 50
Les Quarante-cinq...	—	2 20
Les deux Diane...	—	2 »
Le Maître d'armes...	—	» 90
Le Bâtard de Mauléon...	—	1 80
Mémoires d'un Médecin		
Joseph Balsamo...	—	3 60
La Guerre des Femmes...	—	1 50
Georges...	—	» 90
Une Fille du Régent...	—	1 10
Impressions de Voyages :		
Suisse...	—	2 »
Midi de la France...	—	1 10
Une année à Florence...	—	» 90
Le Corricolo...	—	1 50
La Villa Palmieri...	—	» 90
Le Spéronare...	—	1 30
Le Capitaine Aréna...	—	» 90
Les Bords du Rhin...	—	1 10
Quinze jours au Sinaï...	—	» 90
Cécile...	—	» 70
Sylvandire...	—	» 90
Fernande...	—	» 90
Le Chevalier d'Harmental...	—	1 30
Isabel de Bavière...	—	1 10
Acté...	—	» 70
Gaule et France...	—	» 70
Le Collier de la Reine...	—	2 20
La Tulipe noire...	—	» 70
La Colombe. — Murat...	—	» 50
Ange Pitou...	—	1 80
Pascal Bruno...	—	» 50
Othon l'Archer...	—	» 50
Pauline...	—	» 50
Souvenirs d'Antony...	—	» 70
Nouvelles...	—	» 50

ALBÉRIC SECOND.

La Jeunesse dorée...	—	» 50

LÉON GOZLAN.

Des Nuits du Père Lachaise.	—	1 10
Le Médecin du Pecq...	—	1 30

EUGÈNE SUE.

Les Sept Péchés capitaux...	1 vol.	5
Chaque ouvrage se vend séparément :		
L'Orgueil...	—	1
L'Envie...	—	»
La Colère...	—	»
La Luxure...	—	»
La Paresse...	—	»
L'Avarice...	—	»
La Gourmandise...	—	»
Les Enfants de l'Amour...	—	»
La Bonne Aventure...	—	1
L'Institutrice...	—	»

CHARLES DE BERNARD.

La Femme de 40 ans...	—	»
Un Acte de vertu et la Peine du Talion...	—	»
L'Anneau d'argent...	—	»

PAUL FÉVAL.

Le Fils du Diable...	—	3
Les Amours de Paris...	—	1
Les Mystères de Londres...	—	3

X. B. SAINTINE.

Une Maîtresse de Louis XIII.	—	1

LOUIS DESNOYERS.

Aventures de Robert-Robert.	—	1

EM. MARCO DE SAINT-HILAIRE

Une Veuve de la Grande Armée...	—	»

ÉLIE BERTHET.

Antonia...	—	»

FELIX DERIÈGE.

Les Mystères de Rome...	—	1

ALPHONSE KARR.

Sous les Tilleuls...	—	»
Fort en thème...	—	»

FRÉDÉRIC SOULIÉ.

Le Lion amoureux...	—	»
Le Veau d'Or...	—	2

MÉRY.

Héva...	—	»
La Floride...	—	»
La Guerre de Nizam...	—	1

EUGÈNE SCRIBE.

Carlo Broschi...	—	»
La Maîtresse anonyme...	—	»
Judith, ou la Loge d'Opéra...	—	»
Proverbes...	—	»

AVEZ-VOUS BESOIN D'ARGENT?

PARODIE DE LA QUESTION D'ARGENT

PAR

MM. SIRAUDIN ET BOURDOIS

Représentée pour la première fois, à Paris, sur le théâtre du PALAIS-ROYAL,
le 21 mars 1857.

PARIS

MICHEL LÉVY FRÈRES, LIBRAIRES-ÉDITEURS

RUE VIVIENNE, 2 BIS

—

1857

— Représentation, Reproduction et Traduction réservées. —

Distribution de la pièce.

JEAN GIGOT, marchand de parapluies...	MM. BRASSEUR.
PLUVIEUX, marchand de vins.........	OCTAVE.
RAISINET, son neveu................	HYACINTHE.
MALTIDE, sa fille..................	CORA.
D'ARGENT-COURT....................	BRASSEUR.
LISA, blanchisseuse................	Mlles ALINE DUVAL.
MADAME ÇAVATY, boulangère........	DÉSIRÉE.

Toutes les indications sont prises de la gauche et de la droite du spectateur. — Les personnages sont inscrits en tête des scènes dans l'ordre qu'ils occupent au théâtre. Les changements de position sont indiqués par des renvois au bas des pages.

AVEZ-VOUS BESOIN D'ARGENT ?

Une place publique : à gauche, boutique de marchand de vins, une table est à la porte, à droite ; boutique de boulanger.

SCÈNE PREMIÈRE.

MADAME CAVATY, RAISINET. Il est assis *.

RAISINET.

Air de *Psyché.*
Ah ! qu'il est doux de ne rien faire !
Qu'il est doux de n' pas travailler !
Paresser la journée entière,
C'est l' moyen de n' pas s'ennuyer !
Flanocher !..

Qu'est-ce que je ferais bien....pour ne rien faire. (Réfléchissant.) Si je ne travaillais pas... c'est ça...

MADAME CAVATY, sortant de sa boutique.

Eh ! c'est ce joli fainéant de Raisinet !..

RAISINET.

Salut à la belle boulangère... honneur à madame Cavaty... ça vous va-t-il bien ? ça vous blesse-t-il pas ?

MADAME CAVATY.

Non, mon garçon, rien ne me blesse si ce n'est pourtant que, ce matin, en faisant mes comptes de boulangerie, je ne m'y retrouvais pas... C'est drôle, plus je gagne de l'argent et moins je suis dans ma balance.

RAISINET.

C'est que vous êtes balancée.

MADAME CAVATY.

Ah ! voilà à quoi est exposée une jeune veuve ! Quand je songe (En soupirant.) que si vous, Raisinet, vous vouliez travailler...

RAISINET.

Travailler ? allons donc ! le travail c'est fait pour les esprits vulgaires... les paresseux, c'est l'avenir de la France ! Et puis d'ailleurs pour qui travaillerais-je ?.. je suis seul, garçon !..

MADAME CAVATY, avec intention.

On ne l'est pas toujours ; on peut se marier...

RAISINET.

Encore du travail ? merci ! je suis content de mon sort... j'ai trente sous à manger par jour, et ça me suffit...

* R. mad. C.

MADAME ÇAVATY.

C'est bien maigre !

RAISINET.

Écoutez le détail de mon budget... je déjeune d'une côtelette de chez le charcutier, avec des petits jeunes gens autour.

MADAME ÇAVATY.

Des petits jeunes gens?

RAISINET.

Des cornichons... six sous... à midi, je prends une bavaroise au raisin, trois sous... neuf sous... je dîne pour douze sous... total... vingt-et-un sous... je couche à la corde, trois sous, ça nous fait vingt-quatre. Ajoutez... quatre sous de blanchissage et d'entretien... vingt-huit. Il me reste deux sous par jour pour mes peines de cœur !

MADAME ÇAVATY.

Quelle douce philosophie !

RAISINET.

Là-dessus, j'ai bien l'honneur !.. (Il la salue. Fausse sortie.)

MADAME ÇAVATY.

Ah ! dites-donc, Raisinet.

RAISINET, revenant*.

Qu'est-ce que c'est ?

MADAME ÇAVATY.

Il m'est venu une idée.

RAISINET.

Voyons ça.

MADAME ÇAVATY.

Je suis veuve, libre... vous êtes garçon, libre... j'ai affaire aux fortifications... je paye l'omnibus, voulez-vous m'accompagner?

RAISINET.

Apprenez, Madame, que je ne me fais régaler par n'importe qui de n'importe quoi ! Je me prive de tout, tout me passe devant le nez, ça m'embête... je bisque !.. mais je garde ma dignité !..

MADAME ÇAVATY, avec admiration.

C'est bien ! ah ! c'est très-bien !

RAISINET.

Là-dessus, j'ai bien l'honneur !.. (Il la salue.)

MADAME ÇAVATY, faisant la révérence.

Je suis bien la vôtre. (Fausse sortie. Ils se croisent.)

RAISINET, revenant**.

Ah ! pardon, encore un mot.

MADAME ÇAVATY, revenant.

Voilà !

* Mad. Ç. R.
** R. mad. Ç

SCÈNE I.

RAISINET.
Ça ne vous embête pas trop de causer dans la rue ?

MADAME ÇAVATY.
Non... ça se fait dans les meilleures maisons.

RAISINET.
Vous avez passé la soirée hier chez mon oncle Pluvieux... le marchand de vins du coin. (Il désigne la boutique.)

MADAME ÇAVATY.
Ah ! mon cher, quelle soirée il nous a donnée ! c'était un *raout*. Jean Gigot se trouvait là !

RAISINET.
Tiens ! vous connaissiez déjà ce Gigot ?

MADAME ÇAVATY.
Le marchand de parapluies... oui... on le dit très-riche.

RAISINET.
Règle générale... tous les marchands de parapluies sont riches.

MADAME ÇAVATY.
On dit cependant que son passé est nébuleux.

RAISINET.
Son passé ! son passé ! puisqu'il est passé, ça ne regarde personne.

MADAME ÇAVATY.
Cette observation... juste au fond, mais malhonnête pour moi, est pleine de sens... ça ne nous regarde pas, là-dessus, je suis bien votre servante.

RAISINET.
Je suis bien votre serviteur. (Fausse sortie. Ils se croisent.) Ah ! dites donc... (Il revient*.)

MADAME ÇAVATY.
Qu'est-ce qu'il y a encore ?

RAISINET.
Rien !...

MADAME ÇAVATY.
Eh bien ! moi... j'ai quelque chose à vous demander.

RAISINET.
Tout ce que vous voudrez... pourvu que ce ne soit ni un service ni de l'argent.

MADAME ÇAVATY.
Non, mais parmi vos nombreuses connaissances, vous n'auriez pas un homme sûr, honnête, probe et surtout pas filou ?

RAISINET.
Il n'y en a pas... mais j'en connais un. — Qu'en voulez-vous faire ?

MADAME ÇAVATY.
J'en veux faire mon geindre...

* Mad. Ç. R.

RAISINET.

Votre gendre?..

MADAME ÇAVATY.

Non, mon geindre... vous savez bien... (Faisant le signe de pétrir.) Han!... figurez-vous que celui que j'ai me vole... à la journée... ou plutôt à la nuit; il me fait des pains de quatre livres de trois livres et demie... je suis condamnée à l'amende... et ça m'ennuie.

RAISINET.

Eh bien! j'ai votre affaire... prenez-moi pour geindre le père d'Argent-Court.

MADAME ÇAVATY.

Quoi! l'auteur de la petite Lisa, la blanchisseuse de fin?

RAISINET.

Juste! Imaginez-vous que ce pauvre homme n'a pas de quoi se vêtir. Comme ça lui irait d'être dans le pétrin... où la grande tenue est d'avoir les jambes toutes nues et les manches pareilles. Et puis... c'est la crème des honnêtes gens... il est cousu de créanciers! Il a fait trois fois faillite... et il en est réduit pour vivre à tenir les livres chez un paveur en chambre.

MADAME ÇAVATY.

Son sort me touche, je le prends.

RAISINET.

Je cours lui annoncer cette bonne nouvelle; j'ai justement à lui parler de Jean Gigot au sujet de Lisa.

MADADE ÇAVATY.

C'est donc vrai ce qu'on dit?

RAISINET.

C'est très-vrai, Jean Gigot veut épouser Lisa.

MADAME ÇAVATY.

L'épouser! mais le bruit a couru qu'un certain Dagobert, joueur d'orgue de barbarie... avait pincé le cœur de cette jeune blanchisseuse.

RAISINET.

Des on dit!..

MADAME ÇAVATY.

Des on dit... des on dit!

RAISINET.

On dit, qu'un carabinier vous en conte bien à vous!.. qu'un pompier vous reluque et qu'un tambour-major vous mène en loge grillée?

MADAME ÇAVATY.

Assez, Raisinet!.. vous allez être impertinent. Brisons là... Je rentre faire mes comptes et je suis bien votre servante. (Révérence.)

RAISINET.

Je suis bien votre serviteur! (Il salue. Madame Çavaty rentre à gauche.)

SCÈNE II.

RAISINET, puis PLUVIEUX*.

RAISINET.

Quelle claquette que cette boulangère!..

PLUVIEUX, à la cantonade.

Non... non... ça n' sera pas... je suis le maître chez moi...

RAISINET.

Qu'avez-vous donc, mon oncle ?

PLUVIEUX.

J'ai... que je suis vexé... j'ai fait de fausses spéculations sur les vins... et c'est pour cela que je bouscule un peu mon épouse.

RAISINET.

Comment cela ?..

PLUVIEUX.

Chaque fois que je fais une bêtise... je me venge sur ma femme... elle est la fille d'un marchand de vins en gros, moi je ne suis qu'un débitant; ça me ravale, ça m'humilie... et je me rattrape dans le tête à tête... Mais assez sur ce chapitre... parlons de ma fille, de ta cousine Maltide.

RAISINET.

Ma cousine Maltide! quel joli nom!

PLUVIEUX.

Tu m'as écrit, sur la prière que je t'en avais faite, pour me dire que tu n'aimais pas ma fille qui s'est toquée de toi, et que je ne puis te donner, moi qui ai de quoi, à toi qui n'as pas de quoi.

RAISINET, à part.

Il est bête comme une oie. (Haut.) C'est bien raisonné.

PLUVIEUX.

J'ai montré ta lettre à Maltide. Sais-tu ce qu'elle m'a répondu ?

RAISINET.

Non.

PLUVIEUX.

Elle m'a répondu : Des mouchettes! qu'est-ce que ça peut vouloir dire ?

RAISINET.

Je vais vous expliquer. Autrefois on disait : Du flan! deux ans plus tard on a dit : Des navets! et maintenant, c'est plus réaliste, on dit : Des mouchettes!

PLUVIEUX.

Je suis fixé! puis elle a ajouté : mon cousin Raisinet m'aime, j'en suis sûre. Alors, je lui ai dit du mal de toi.

RAISINET.

Très-bien!

* R. P.

PLUVIEUX.

Et pour arracher le dernier feuillet du livre de ses illusions, je lui ai insinué que tu aimais la boulangère... Madame Çavaty.

RAISINET.

C'est assez canaille ce que vous avez fait là.

PLUVIEUX.

C'est très-canaille, mais ça m'est utile... j'ai compromis une boulangère, mais j'ai sauvé ma fille.

RAISINET.

C'est juste.

PLUVIEUX.

Ainsi donc, mon cher neveu, tu n'as rien à faire... je vais te charger d'une commission.

RAISINET.

Voyons!

PLUVIEUX.

Tu vas confirmer de vive voix à ma fille... que tu ne l'aimes pas, que tu ne peux pas la souffrir. Mais silence, la voici.

RAISINET.

Il suffit!

PLUVIEUX.

Tu me promets?.. (Il sort.)

RAISINET.

Soyez tranquille!

SCÈNE III.

RAISINET, MALTIDE*.

RAISINET, à part.

Plongeons-lui le poignard dans le cœur.

MALTIDE, sortant de la boutique.

Ah! mon cousin! mon cher cousin! (Elle lui saute au cou.)

RAISINET.

Eh bien! eh bien! qu'est-ce que c'est?

MALTIDE.

Mon cher cousin! mon tendre cousin! (Elle veut encore l'embrasser.)

RAISINET.

Ah çà, voyons! ça va-t-il finir!.. Apprenez, Mademoiselle, qu'il n'est pas convenable que la fille d'un marchand de vins se jette au cou d'un jeune homme sur une place publique.

MALTIDE.

Ah! c'est que je suis si contente quand je mire mon œil noir dans ton œil bleu! Toute la journée je songe à toi, et la nuit je te vois en rêve...

* M. R.

RAISINET.

Assez! Je ne vous demande pas comment vous me voyez en rêve. (Tragiquement.) Maltide, il faut m'oublier.

MALTIDE.

Qu'entends-je! C'est donc vrai ce que m'a dit mon père?

RAISINET.

C'est aussi vrai que si ça avait paru dans le journal.

MALTIDE.

Hélas! je ne pourrai plus te voir! te tutoyer!

RAISINET.

A partir de ce jour, ce passe-temps vous est interdit; votre père l'a voulu, je le lui ai promis.

MALTIDE.

Mais que vais-je devenir?

RAISINET.

Tout ce que vous pourrez. D'ailleurs j'aime ailleurs.

MALTIDE.

Ingrat!.. moi qui vous gardais ma sagesse, ma vertu, ma beauté... Qu'est-ce que je vais faire à présent de tout ça?

RAISINET.

On trouve toujours le placement de ces choses-là, soyez tranquille... et puisque c'est convenu, nous ne nous aimons plus. (Il l'embrasse.)

MALTIDE.

Puisqu'il le faut, détestons-nous. (Elle l'embrasse.)

RAISINET.

A dater de ce jour, exécrons-nous. (Il l'embrasse.)

MALTIDE.

Prenons-nous en grippe! (Elle l'embrasse.)

RAISINET, l'arrêtant.

Arrêtons les frais; nous nous détestons suffisamment comme ça.

MALTIDE.

Adieu, mon cousin!

RAISINET.

Adieu, ma cousine!

MALTIDE.

Je vais cacher mon chagrin dans la bicoque paternelle. (Elle entre dans la boutique.)

RAISINET.

Et nous allons déjeuner.

SCÈNE IV.

RAISINET, LISA*.

LISA. Elle entre en fredonnant l'air de l'Ambassadrice.
Repassez, repasse,
Repassez, repasse,

* R. L.

Repassez, repasse,
Repassez demain.

RAISINET.

Ah! bon! c'est Lisa! Il est dit que je ne déjeunerai pas ce matin.

LISA, entrant.

Tiens! c'est M. Raisinet; bonjour monsieur Raisinet.

RAISINET.

D'où venez-vous donc ainsi avec votre panier?

LISA.

Ma triste position de blanchisseuse m'oblige à me rendre tous les matins dans les chambres de garçon... c'est bien humiliant!

RAISINET.

Consolez-vous!

LISA.

Ce matin je suis allée reporter deux cents faux-cols à un jeune Polka qui me les avait demandés aujourd'hui sans faute.

RAISINET.

Je trouve la demande de cols... forte!

LISA.

Que voulez-vous, monsieur Raisinet, on blanchit où l'on peut quand on n'a que ça pour vivre et pour soutenir un vieux père.

RAISINET.

C'est vrai que vous avez été bien malheureuse vous et votre père?

LISA.

Hélas! Raisinet! *nous avons* été un jour, quatre jours sans manger, et la veille, nous n'avions pris qu'une brioche d'un sou, avec un verre d'eau... Et elles ne sont pas fortes les brioches d'un sou!

RAISINET.

Triste! triste! triste!

LISA.

C'est une lamentable histoire! un jour...

RAISINET.

Je ne vous demande pas l'histoire, mais ça ne fait rien, narrez-la toujours.

LISA.

Un jour un invalide de notre connaissance nous invite à partager sa ration, ça se trouvait d'autant mieux que nous n'avions pas un radis à nous mettre sous la dent? ça n'était pas gai allez!... Nous nous dirigeons donc vers le dôme en question à pied, comme des insectes et sans parapluie. Il pleuvait à *scieaux* je dis scieaux avec intention; pour que vous ne confondiez pas avec un village si je disais sceaux.) Enfin nous arrivons, trempés comme des éponges et nous demandons à la cuisine notre amphytrion. Le père Croûte au Pot? nous répond une jambe de bois qui gâchait serré un plat d'épinards, il ne dîne pas chez lui. Jugez de la tuile! Je remorquai mon père sous mon bras, et nous revînmes pédestrement; il pleuvait toujours... ce n'était pas gai, allez!... Nous avions l'estomac creux, nous prîmes un verre d'absinthe... nous nous embrassâmes et nous nous couchâmes... Le lendemain, nous n'avions plus faim du tout!.. vous vîntes à la maison ; il vous restait trois francs soixante-quinze, je vous les empruntai... je m'établis blanchisseuse de fin... et voilà.

RAISINET.

Ce récit est poignant!... Mais rassurez-vous vos jours de débine vont enfin cesser.

LISA.

Comment cela *?

RAISINET.

Jean Gigot... m'a prié de vous offrir son cœur et sa main.

LISA.

Et c'est vous qu'il a chargé de cette commission ?

RAISINET.

Dame ! ils me chargent tous de leurs commissions.

LISA.

Nigaud ! mais tu ne sais donc pas que je t'aime ! toi !

RAISINET.

Moi !

LISA.

Toi !

RAISINET.

Toi !

LISA.

Moi !

RAISINET.

Allons, bon ! encore une ! je n'ai pas de chance !...

LISA.

Je t'aime à en perdre la raison...

RAISINET.

Lisa ! combattez cette belle passion à laquelle je ne puis correspondre.

LISA.

Tu mens ! ton nez a remué.

RAISINET.

Eh bien oui ! je pourrais vous aimer, mais le moment n'en est pas encore venu.

LISA.

Pourquoi ?

RAISINET.

Je n'en sais rien... mais j'ai vu que ça se faisait comme ça au Gymnase. Mariez-vous d'abord... et plus tard, bien plus tard, quand nous serons bien dégommés tous les deux, quand vous aurez le menton de galoche... et que je n'aurai plus de cheveux... venons nous trouver mutuellement, et si nous avons la chance d'être veufs, alors nous pourrons nous unir !

* L. R.

LISA.

Cet arrangement me plaît. Quel avenir prospère! mais tiendrez-vous votre serment ?

RAISINET.

Voici comme gage de ma franchise... un cœur en pain d'épice que j'ai rapporté de la foire de Saint-Cloud.

Air : *Sapeur pompier.*

Voici mon cœur! (*bis.*)
Chère Lisa, daignez le prendre!
Comme un' preuve de mon ardeur,
J'. vous donn' le côté le plus tendre.
　　Gardez mon cœur
　　Sur votre cœur
Comme un gage de ma candeur!

LISA.

Même air.

Je prends ce cœur (*bis.*)
Dont vous me fait's le sacrifice...
Et qu'en ce jour, de votre ardeur,
Il soit le gage en pain d'épice!
　　Oui, votre cœur
　　S'ra sur mon cœur
Le gage de votre candeur.

RAISINET.

Ainsi, voilà qui est convenu, vous me fichez la paix pour le quart d'heure et vous épousez Jean Gigot?

LISA.

Ah! j'aimais pourtant bien ta brutalité et ta rude franchise!

RAISINET.

Oubliez-les, et prenez Jean Gigot.

SCÈNE V.

Les mêmes, JEAN GIGOT *.

JEAN GIGOT, criant.

Chand d' parapluies! qui veut des parapluies?.. chand de parapluies!

RAISINET.

Justement le voici!

JEAN GIGOT.

Chand d' parapluies! Que vois-je? la charmante Lisa. Permettez-moi, ma toute belle, de vous offrir un parapluie ou une ombrelle à votre choix.

LISA.

Monsieur! je n'accepte que ce que je ne puis pas rendre!... Vous m'offrez un parapluie et une ombrelle, si je les acceptais

* L. J. G. R.

je ne vous les rendrais pas... je les garde et j'ai l'honneur de vous saluer. (Elle sort.)

SCÈNE VI.

RAISINET, JEAN GIGOT *.

JEAN GIGOT, étonné.

Elle m'a mal reçu, mais elle a bien reçu mon ombrelle et mon parapluie... J'ai fait une boulette! Vous n'avez donc pas parlé pour moi, mon cher Raisinet?

RAISINET.

Si fait!

JEAN GIGOT.

Alors, c'est un caprice.

RAISINET.

Ah çà! vous tenez donc bien à vous marier?

JEAN GIGOT.

Si j'y tiens! Oui sacrebleu! j'y tiens... Je suis bon enfant! tout rond, j'ai pignon sur rue, des terres au soleil, eh bien! malgré tout ça il me manque une chose.

RAISINET.

Je comprends... une femme, des enfants...

JEAN GIGOT.

Allons donc! ce qui me manque, je puis vous le dire à vous... le plus grand potinier du quartier... ce qui me manque... c'est de l'honneur! c'est de la considération... j'en ai soif de considération! Ah! la considération!... la considération!

RAISINET.

Mais je ne vois pas quel rapport il y a entre votre mariage et la considération.

JEAN GIGOT.

Enfant! Vous ne voyez donc pas que si je me marie avec une jeune fille qui ne m'apporte que ses douces prunelles on dira : « Eh! mais, c'est très-bien de la part de Gigot! il a le sac, et il « enrichit une pauvre famille en s'alliant à elle! Bravo! Gigot. « Il est généreux... il fait bien les choses... » et ça me pose... ce que je demande, c'est de me poser... ça me donne du chic!... du relief!... de la considération!... Oh! la considération!...

RAISINET.

Mais comment avez-vous amassé une si grosse fortune? ce n'est pas en vendant des parapluies.

JEAN GIGOT.

Le parapluie, c'est l'accessoire; le principal, c'est les affaires.

RAISINET.

Quelles affaires?

JEAN GIGOT.

Eh! parbleu! les affaires... c'est les intérêts des autres; l'ar-

* J. G. R.

gent, c'est la poche d'autrui. La grande question, c'est de tirer de cette poche le plus d'argent qu'on peut sans y fourrer la main ; toute la malice est là-dedans !

RAISINET.

Mais ce n'est pas neuf ça ?...

JEAN GIGOT.

Je ne dis pas que ce soit neuf, mais c'est comme ça... Je suis bon enfant, moi.... tout rond.... je veux faire votre fortune.... avez-vous besoin d'argent?...

RAISINET.

Non... merci... j'ai ce qu'il me faut... d'ailleurs... j'ai trouvé une place...

JEAN GIGOT.

Laquelle ?

RAISINET.

J'ai vu hier un de mes amis... qui demeure à côté de la galette du boulevard Bonne-Nouvelle, et qui m'a fait part d'une invention...

JEAN GIGOT.

Voyons cela !

RAISINET.

Voilà ce que c'est*!... d'abord il suppose que tous les hommes sont bons, qu'ils ne se feront plus la guerre. (C'est absurde, mais c'est comme ça.) Et que dans ce cas-là, la conscription militaire deviendra inutile. Alors on établira la conscription civile...

JEAN GIGOT.

Qu'est-ce que ça peut être, la conscription civile ?

RAISINET.

Je n'en sais rien, je n'y ai rien compris, mais je vais vous l'expliquer. Nous imaginons un bonhomme majeur qui est riche et qui ne veut pas travailler.

JEAN GIGOT.

Très-bien.

RAISINET.

Alors le gouvernement vient le trouver et lui tient à peu près ce langage : Vous êtes riche ? — Oui... — Vous ne voulez rien faire? — Non... — Eh bien, vous allez prendre un remplaçant qui fera de l'ouvrage pour vous.

JEAN GIGOT.

Oh ! cette idée !

RAISINET.

Mais comme tout le monde travaillera, où trouvera-t-on un travailleur pour faire le travail de celui qui ne voudra pas travailler ?

JEAN GIGOT.

Tiens ! c'est vrai ça !

* R. J. G.

RAISINET.

Or, j'ai fait ce raisonnement : je suis fainéant, moi... je ferai l'ouvrage du paresseux et comme il ne faisait rien... il se trouvera que je ne ferai rien non plus..... voilà la place que j'ai trouvée.

JEAN GIGOT.

Eh bien! mon garçon, si vous n'avez que cette idée-là pour vous enrichir, je vous conseille de vous en défaire... et j'en reviens à ce que je vous disais... je suis rond, bon enfant,... avez-vous besoin d'argent?

SCÈNE VII.

Les mêmes, PLUVIEUX, entrant par le fond.

PLUVIEUX.

Moi, j'en ai besoin.

JEAN GIGOT, se retournant.

Le père Pluvieux, il arrive à propos; faites-vous servir, je suis bon enfant, tout rond; combien voulez-vous gagner *?

PLUVIEUX.

Cinq cents francs.

JEAN GIGOT.

Cinq cents francs... bagatelle! je suis coulant en affaires... donnez-moi mille francs.

PLUVIEUX.

Nous ne nous entendons pas... je vous demande cinq cents francs.

JEAN GIGOT.

Très-bien ! et moi je réclame mille francs... et je vous en rendrai quinze cents.

PLUVIEUX.

Ça me va!.. (Il tire un billet de sa poche.) Tenez, je les ai justement dans mon portefeuille.

JEAN GIGOT.

Merci! (Il les met dans sa poche.)

PLUVIEUX.

Eh bien ! vous les prenez !

JEAN GIGOT.

Croyez-vous donc qu'il suffise de les regarder pour les faire fructifier? Enfant!.. ils sont là, ils y resteront... Je les tripote à ma manière... ne me demandez pas comment, ça ne vous regarde pas; c'est mon affaire... Je trouve votre insistance déplacée.

PLUVIEUX.

Je n'insiste pas.

JEAN GIGOT.

A la bonne heure !

* R. J. G. P.

PLUVIEUX.

Mais un reçu ?

JEAN GIGOT, à Raisinet.

Qu'est-ce qu'il a dit ?

RAISINET.

Il a dit : mais un reçu ?

JEAN GIGOT, riant.

Ah ! ah ! ah ! parfait ! parfait ! Il n'entend rien en matière de finances... Faut-il que je vous donne aussi mes bottes ? Où diable avez-vous vu que dans les affaires de confiance on donnait des garanties.

PLUVIEUX.

Mais pourtant...

JEAN GIGOT.

Est-ce une affaire de confiance ?

PLUVIEUX.

Oui, c'est de confiance.

JEAN GIGOT.

Eh bien ! vous n'avez pas besoin de garanties, ça serait du luxe !

SCÈNE VIII.

Les précédents, MADAME ÇAVATY *.

MADAME ÇAVATY, entrant.

Là !.. je viens de terminer mes comptes !..

JEAN GIGOT.

Eh ! la boulangère ? Elle a des écus.

MADAME ÇAVATY.

Dans un rouleau que voilà... mille francs !..

JEAN GIGOT.

Eh bien ! je suis bon enfant, je suis rond... Donnez-moi ce rouleau... je vous le ferai valoir... Ça y est-il ?

MADAME ÇAVATY.

Tope !

JEAN GIGOT.

Alors, sans adieu ; j'ai votre argent, je file avec. (Criant.) Parapluies !.. marchand de parapluies ! (Il sort.)

PLUVIEUX, voulant courir.

Il file avec !.. mais, ça m'inquiète !

RAISINET, le retenant **.

Laissez-le donc !.. faut avoir confiance... La confiance c'est l'âme des affaires.

PLUVIEUX.

Mais, pourtant...

* R. J. G. mad. Ç. P.
** R. mad. Ç. P.

SCÈNE IX.

MADAME ÇAVATY.

Il a raison... c'est l'âme des affaires. C'est la source du crédit.

Air du *Savetier*.

Du crédit ce sont les mystères,
Et si vous avez besoin d'argent comptant,
Pour avoir des actionnaires,
Comme des moutons qui viendront fin courant,
Il ne faut qu'à nos rentiers
Dire, dire, dire, dire, (*bis.*)
Il ne faut qu'à nos rentiers
Dire : (*ter.*) apportez vos quartiers.

REPRISE ENSEMBLE.

Il ne faut, etc.

RAISINET.

On sait qu'à la Bours' tout s'estime,
On met en actions des bonnets de coton,
Les vieux habits déjà font prime,
On cote très-haut les cornets à piston ;
Et chacun veut, rien de plus,
De la boule, boule, boule, boule, boule, boule,
Oui, chacun veut, rien de plus,
De la boulangère attraper les écus !

TOUS.

Et chacun veut, etc.

RAISINET, voyant entrer Lisa *.

Ah ! Lisa... et votre père... on ne l'a pas vu ce matin ?

LISA.

Je vous avoue que je ne m'en suis pas beaucoup occupée.

MADAME ÇAVATY.

Rassurez-vous... Il est chez moi déjà installé comme geindre...

LISA.

Arrivez donc, papa.

SCÈNE IX.

LES PRÉCÉDENTS, D'ARGENT-COURT, LISA *.

D'ARGENT-COURT, soutenu par sa fille.

Hélas ! mes créanciers ! mes pauvres créanciers !

LISA.

Voyons, mon père, ne gémissez pas comme ça ! puisque vous ne les payez pas vos créanciers... ce sont eux qui sont à plaindre et non pas vous...

D'ARGENT-COURT, gémissant.

Ah ! mes créanciers !... mes effets en souffrance ! han... (Il gémit comme les geindres.)

RAISINET.

Vous avez des effets en souffrance ?

* R. L. mad. C. P.
** R. L. D. mad. C. P.

D'ARGENT-COURT.

Pas ceux-là... mais chez moi... j'ai ma redingote et mon gilet de flanelle!.. Oh! vous tous qui m'écoutez... vous ne savez pas le désespoir d'un honnête homme qui a fait des poufs partout vous ignorez les remords qui assiégent celui qui a mis dedans ses créanciers. (Il gémit.) Han !

RAISINET.

Consolez-vous, père d'Argent-Court, votre fille est recherchée... par un galant homme... Jean Gigot.

D'ARGENT-COURT.

Est-il possible?...

RAISINET.

Il est possible!

D'ARGENT-COURT.

Voyons! ma fille, réponds!.. Consens-tu à épouser ce Gigot?

LISA.

Pardon, mon père... j'ai un *aparté*... (Ils remontent un peu, tournant le dos au public. — A elle-même.) Ah! je suis bien perplexe! d'un côté ce gringalet de Raisinet dont je suis toquée; d'un autre côté, Dagobert, ce joueur d'orgue dont j'ai raffolé.

D'ARGENT-COURT.

Eh bien, ma fille?..

LISA.

Dans un moment, mon père... (A elle-même.) Dagobert... a une femme, trois enfants!... il est marié!.. ah !..

TOUS.

Eh bien?..

LISA.

Je consens.

TOUS.

Oh!..

D'ARGENT-COURT.

Un instant... j'ai à parler à ma fille auparavant seul à seul.

PLUVIEUX.

Tête à tête.

RAISINET.

Nez à nez.

MADAME ÇAVATY.

Retirons-nous.

ENSEMBLE.

Air des *Trois Loges*.

Tous deux ici laissons-les,
Une fill' doit à son père
Qu'elle aime et qu'elle révère
Avouer tous ses secrets.

(Tout le monde sort. On laisse d'Argent-court avec Lisa.)

SCÈNE X.
LISA, D'ARGENT-COURT *.

D'ARGENT-COURT.

Ma fille... han! (Il geint.)

LISA.

Vous geignez, mon père?

D'ARGENT-COURT.

Non, c'est le tic du pétrin, ma fille; parlons entre quatre z'yeux... Avant de t'unir à un homme riche, mais malhonnête, je ne veux pas qu'il me jette ton passé à la figure. Raconte-moi ton passé.

LISA.

Eh bien! mon père, apprenez donc...

D'ARGENT-COURT.

Arrête, ma fille !... je pense à une chose. Il n'est pas de la dignité d'un père d'entendre des machines qui le feraient rougir... ne me dis rien.

LISA.

Si, mon père... Apprenez qu'un homme d'une naissance obscure...

D'ARGENT-COURT.

Assez...

LISA.

Un artiste...

D'ARGENT-COURT.

Assez!...

LISA.

Une âme brûlante...

D'ARGENT-COURT.

Assez !...

LISA.

Un cœur généreux...

D'ARGENT-COURT.

C'en est trop !... Je ne saurais en ouïr davantage! mais comme il faut que je sois éclairé, je vais employer un moyen inconvenant en chargeant un étranger, qui ne t'est rien, de t'interroger sur des questions tellement délicates, que si tu as pour deux sous de vergogne, tu feras bien de ne pas lui répondre. (Il va pour sortir.)

LISA, l'arrêtant **.

Mon père !... je vous cède la place !... et croyez que quels que soient les potins que l'on fasse sur mon compte... je m'en bats complétement la prunelle. (Elle sort.)

* D'Ar. L.
** L. D'Ar.

SCÈNE XI.

D'ARGENT-COURT, puis RAISINET.

D'ARGENT-COURT, seul.

En effet!... je crois avoir trouvé le moyen de savoir de ma fille ce que je ne veux pas qu'elle me dise. (Voyant entrer Raisinet*.) Ah! Raisinet! j'ai encore une commission à te donner.

RAISINET.

Sans reproche... vous m'en accablez!...

D'ARGENT-COURT.

Ça ne fait rien... Dis-moi, Raisinet, on en dit de drôles sur ma fille?

RAISINET.

On jabote volontiers.

D'ARGENT-COURT.

Mais que dit-on?

RAISINET.

On dit que...

D'ARGENT-COURT, l'arrêtant.

Je veux tout ignorer de la bouche d'un étranger, mais j'attends de toi... que tu interroges... ma fille... et qu'adroitement tu lui tires les vers du nez, pour savoir si elle a fait comme moi avec mes créanciers... si elle a failli... pour savoir, enfin, quelle a été sa conduite loin de l'œil paternel de son auteur.

Air du *Robin des Bois.*

Je te donne ma confiance.
RAISINET.
Quel honneur cela me vaudra!
D'ARGENT-COURT.
Compte sur ma reconnaissance.
RAISINET, à part.
De moi je sais ce qu'il aura **.
D'ARGENT-COURT.
Lorsque je songe à ma misère
Lorsque je pense à mes tourments,
Je me dis : heureux sur la terre
Les pères qui n'ont pas d'enfants.
REPRISE.

(D'Argent-court sort à gauche en geignant.) Han!

* D'Ar. R.
** R. D.

SCÈNE XII.
RAISINET, LISA, JEAN GIGOT, puis PLUVIEUX.

RAISINET.

Je rendrai encore ce service à ce vieil abruti... mais ce sera le dernier.

SCÈNE XIII.
LISA, RAISINET *.

LISA, revenant.

Eh bien! Raisinet?...

RAISINET.

Voyons, Lisa, c'est pas tout ça, votre père m'a chargé de vous interroger, il m'a passé ses pouvoirs.

LISA.

Et que voulez-vous que je vous dise, Raisinet?

RAISINET.

Pas de manières... Je vous préviens que je sais tout.

LISA.

Oui, je la connais celle-là... on dit : Je sais tout, et on ne sait rien... A d'autres!

RAISINET.

Je sais tout au sujet de Dagobert...

LISA.

Quel Dagobert?

RAISINET.

Parbleu! ce n'est pas celui qui mettait ses lunettes à l'envers... Dagobert le... (Il fait le signe de jouer de l'orgue.)

LISA.

Chut! eh bien, oui... j'ai eu une attache pour lui!

RAISINET.

Narrez-moi ça, allons-y ! (Ils s'asseyent tous deux, tournant presque le dos au public.)

LISA.

Voilà comment je l'ai connu. C'était au déclin du jour, tout reposait dans la rue des Vieilles-Audriettes... Aucun chien n'aboyait, aucun chat ne miaulait... aucun passant ne passait... la nature était en deuil, il avait neigé... le grésil fouettait les carreaux de ma mansarde... Je m'embêtais à quarante sous l'heure.

JEAN GIGOT, entrant tout effaré.

Ah! c'est vous, bonjour!... Il est là sur mes talons... Il m'emboîte... et... ah!.. (Raisinet se lève.)

LISA, qui s'est levée.

Quoi donc?...

JEAN GIGOT.

Rien... oh!... (Il se sauve à droite.)

* L. R.

PLUVIEUX, arrivant de même.

Je l'ai vu... laissez-moi passer... oh!... (Il court du côté où est passé Jean Gigot.)

LISA.

Qu'est-ce qu'ils ont donc ?...

RAISINET.

Ce n'est rien... Ils jouent à cache-cache. L'un court après son argent, et l'autre cherche à ne pas le rendre... mais continuez... ce récit qui ne m'intéresse que médiocrement... (Il se rassied vis-à-vis de Lisa qui s'est assise.)

LISA.

Où en étais-je ?... Ah! je sais... mon père m'avait laissée seule... il était occupé à ne pas payer ses nombreux créanciers... Quand tout à coup un cri grimpa jusqu'à mes oreilles...

RAISINET.

Voyons ce cri! (Ils se lèvent.)

LISA.

Terne magique!... Pièce curieuse!... j'ouvris la fenêtre... je fis signe au trouvère... en lui criant : au cinquième, la porte au fond...

RAISINET.

Vous m'émouvez!... après ?

LISA.

Le trouvère eut bientôt gravi quatre-vingt-seize marches!... Il avait dans les yeux un accent!... dans la voix un regard!.. Que vous dirai-je... Dagobert laissa traîner le verbe aimer par terre; je l'ai ramassé... Dagobert était gai, il chantait dans ma mansarde, en s'accompagnant sur son orgue! heureux souvenir!

Air du *Grenier*.

« Je vois encore l'asile où ma jeunesse
« De la musique a reçu les leçons;
« J'avais quinze ans, ma beauté pour richesse,
« Un cœur ardent et l'amour des chansons!
« Ce souvenir, à mon âme ravie,
« Me représente encor tous les serments
« Que nous faisions sur l'org' de Barbarie...
« Dans un grenier qu'on est bien à quinze ans! (*bis.*)

RAISINET.

Mais tout ça ne me dit pas.

LISA, fièrement.

Et de quel droit m'interrogez-vous? Est-ce que j'ai des comptes à vous rendre? Je ne confierai mes secrets qu'à mon père!

RAISINET.

Mais il ne veut pas les entendre.

LISA.

J'aime mieux ça...

* R. L.

RAISINET.
Mais il m'a chargé de vous questionner...
LISA.
C'est à lui seul que je ferai des aveux....
RAISINET.
Ça peut durer comme ça pas mal de temps.

SCÈNE XIV.

Les précédents, JEAN GIGOT*.

JEAN GIGOT, entrant.
Ah çà! mais, j'ai pris des renseignements sur ma future, ils sont pitoyables, et je vous avoue que j'aimerais assez savoir de quoi il retourne.

LISA, s'avançant.
Vous allez le savoir, Monsieur... Je vais être votre femme... je vais porter votre nom, il est laid... mais je vous dois des explications.

RAISINET, à part.
Pourvu qu'elle n'en dise pas trop?

LISA.
Eh bien! oui, là, j'ai aimé Dagobert... Il m'a aimée, nous nous sommes aimés...

JEAN GIGOT.
Diable! mais... Mademoiselle, pouvez-vous m'affirmer que rien de répréhensible, rien de contraire à l'honneur...

LISA.
N'achevez pas... je sais ce que vous allez me demander, je vais y répondre**.

Air de l'Angelus.

Non, non, jamais vous n'apprendrez
C' qui s'est passé dans ma chambrette;
Non, non, jamais vous ne saurez
Le mot de ma flamme secrète...
Vous n' saurez rien... je vous l' répète!
C'est en vain qu'on m'y forcerait.
Je suis sourde à votre prière...
Oui je ne dirai mon secret,
Je n'en ferai l'aveu complet...
Que sur la tombe de mon père!

RAISINET.
Mais il n'est pas encore mort, votre père.

JEAN GIGOT.
Ça viendra.

LISA, continuant.
Que sur la tombe de mon père.

* R. J. G. L.
** R. L. J. G.

JEAN GIGOT.

Ma foi! cette franchise... m'a ému, subjugué... J'épouse les yeux fermés.... et... j'ai là un contrat de mariage dans ma poche... dont je vais discuter les articles avec ma future... si vous le permettez....

PLUVIEUX, arrivant.

Ah! le voilà enfin! Dites donc, et mon argent? Je ne serais pas fâché d'avoir des nouvelles de mon argent.

JEAN GIGOT.

Va bien!.. va bien!.. mais laissez-moi.... et faites préparer le repas... dans votre salon de cinquante couverts, où l'on tient quinze mal à son aise.

Air : *Allons, qu'on s'élance* (CHASSE AUX GRISETTES).

ENSEMBLE.

Qu'un repas s'apprête
Je paierai ce festin!
Je veux qu'on y fête
Mon heureux destin!

LES AUTRES.

Qu'un repas s'apprête,
Il paiera ce festin!
Il faut qu'on y fête
Son heureux destin!

(Après l'ensemble, tout le monde se retire, excepté Jean Gigot et Lisa.)

SCÈNE XV.

LISA, JEAN GIGOT, assis à la table de droite *.

JEAN GIGOT.

Voici mon contrat.

LISA.

J'écoute.

JEAN GIGOT.

Article premier : « La femme doit obéissance et fidélité à son mari... »

LISA.

Ta, ta, ta!..

JEAN GIGOT.

Comment! ta, ta, ta!.. quelle est cette exclamation vulgaire?

LISA.

Rayez-moi tout ça!

JEAN GIGOT.

Ah! mais...

* J. G. L.

SCÈNE XV.

LISA.

Quant à la fidélité, je me suis fait renseigner : il est défendu par la loi d'engager l'avenir. Rayez!

JEAN GIGOT.

Ah! mais, non!.. ah! mais, non!

LISA.

Vous ne voulez pas?.. alors, il n'y a rien de fait!

JEAN GIGOT.

Allons, voyons! je suis bon enfant... je raye l'obéissance et la fidélité.

LISA.

Très-bien... continuez.

JEAN GIGOT.

Art. 2 : « S'il survient des rejetons... »

LISA.

Des rejetons?.. n'y comptez pas!

JEAN GIGOT.

Pardon... j'y compte beaucoup!.. j'ai mes raisons pour y tenir.

LISA.

Et moi, j'ai les miennes pour ne pas y tenir!.. Alors, il n'y a rien de fait!

JEAN GIGOT, à part.

Quelle femme!.. Allons, voyons, je suis bon enfant! je raye encore les rejetons!.. ouf! (Il pousse un soupir.)

LISA.

Très-bien!.. continuez.

JEAN GIGOT.

Art. 3 : « Le sieur Jean Gigot reconnaît à sa femme une dot de dix-neuf cent quatre-vingt-dix-sept francs quarante-cinq centimes. »

LISA.

J'ai une dot!.. quel bonheur!.. je vais m'acheter un chapeau à plume, une armoire à glace, et des jupons en acier!

JEAN GIGOT.

Pardon!.. je vous reconnais une dot, mais vous ne toucherez pas à cet argent!

LISA.

Comment? je ne pourrai pas m'acheter des petits bibelots?

JEAN GIGOT.

Voici mon plan : J'ai l'intention de mettre un de ces jours la clef sous la porte... mon vœu le plus cher est de faire faillite... or, je tiens à m'assurer une poire pour la soif...

LISA.

Et que restera-t-il à vos créanciers?

JEAN GIGOT.

Il leur restera ce que je ne vous aurai pas reconnu... et, comme les dix-neuf cent quatre-vingt-dix-sept francs que je vous reconnais composent tout mon avoir...

LISA.

Assez *!.. Eh quoi! vous avez l'intention de faire des petites vilenies... et, au lieu de garder ces choses-là pour vous... vous venez m'en faire part... Allons, c'est bête comme chou, mon bon!.. Quand on veut être malhonnête homme, on l'est... mais on ne s'en vante pas à l'avance... Je garde donc mon opinion sur votre compte... vous n'êtes qu'un serin!.. et je ne vous épouse pas!

JEAN GIGOT.

Ah bah!

LISA.

Donnez-moi le contrat... je le déchire et je vous en jette les morceaux à la figure!

JEAN GIGOT.

Vous le prenez sur ce ton?..

ENSEMBLE.

LISA.

Air de *Blanc et Noir* (LOÏSA PUGET).

Tout est rompu!.. le drôle de ménage
Que ça ferait!.. Monsieur, je vous engage
A renoncer à cette union,
Non, non, non, non, je n' veux pas d' votre nom!

JEAN GIGOT.

Tout est rompu!.. le drôle de ménage
Que ça ferait!.. Mam'sell', je vous engage
A renoncer à cette union.
Allez ailleurs pour trouver un pigeon!
Non, non, non, non, non...
Je n' serai pas votre dindon!

LISA.

Non, non, non, non, non...
Ah! renoncez à cette union!

SCÈNE XVI.

LES PRÉCÉDENTS, RAISINET **.

RAISINET.

Eh bien! qu'y a-t-il? déjà de la brouille dans le ménage!..

JEAN GIGOT.

Il n'y en a plus, de ménage! Je renonce à m'allier à une famille aussi disgracieuse que raffalée.

LISA,

Monsieur!

JEAN GIGOT.

Un beau-père... qui fait faillite et qui n'a pas le sou!.. Imbécile! Une blanchisseuse qui apprend à roucouler des romances sur l'orgue de Barbarie!.. et qui n'a qu'un amour d'occasion à

---

* L. R. J. G.
** L. R. J. G.

m'offrir... Je vous tire bien ma révérence... je vais tout cancaner.

LISA, se jetant dans les bras de Raisinet.

Je suis perdue!..

SCÈNE XVII.

LES MÊMES, PLUVIEUX, MADAME ÇAVATY *.

PLUVIEUX, arrivant, et arrêtant Jean Gigot au passage.

Ah! enfin, le voilà!.. et mon argent?.. donnez-moi des nouvelles de mon argent?

JEAN GIGOT.

Va bien!.. va bien!

PLUVIEUX.

Va bien!.. va bien!.. Il répond toujours la même chose; ça ne me dit pas où est mon argent! rendez-moi mon argent!

MADAME ÇAVATY.

Rendez-moi le mien aussi *!..

JEAN GIGOT.

Votre argent!.. il est dans ma poche.

PLUVIEUX.

J'aime mieux qu'il soit dans la mienne!

MADAME ÇAVATY.

Et moi de même!

JEAN GIGOT.

Voici le capital... et les intérêts... les cinq cents francs promis.

PLUVIEUX.

Il paye les intérêts!..

MADAME ÇAVATY, avec dignité.

Monsieur... je prends le capital... mais quant aux intérêts, je ne puis les garder...

PLUVIEUX.

Ni moi non plus!.. ils proviennent d'une source trop impure!

MADAME ÇAVATY.

Je m'achèterai avec un cachemire Biétry. (Elle met l'argent dans sa poche.)

PLUVIEUX.

J'achèterai avec une robe de soie pour ma fille.

JEAN GIGOT.

Ils appellent ça ne pas les garder!

RAISINET.

Ils ont raison... j'en sais de belles!.. (Montrant Jean Gigot.) Vous voyez bien ce monsieur qui a voulu me prêter de l'argent... et m'enrichir... c'est un filou!..

JEAN GIGOT.

Ah! mais... vous m'insultez!..

* L. R. J. G. P.
** L. R. J. G. mad. Ç. P.

RAISINET.

Il a voulu faire la fortune d'une fille qui n'avait pas le sou... c'est une canaille !

JEAN GIGOT.

Monsieur !.. vous savez que je ne me bats pas !..

RAISINET.

Il vous a emprunté de l'argent pour le faire valoir honorablement... c'est un malhonnête homme !..

JEAN GIGOT.

Monsieur !.. vous savez que je suis un lâche !..

TOUS.

Oh !..

LISA.

Et maintenant, Monsieur, allez chercher ailleurs la considération que vous ne trouverez jamais dans ma famille !

PLUVIEUX.

Éloignons-nous.

RAISINET.

C'est ainsi qu'en partant je vous fais mes adieux ! (Il lui donne un coup de pied dans le derrière.)

JEAN GIGOT.

Vous m'ennuyez à la fin !

RAISINET.

Comment ! vous vous laissez blesser dans votre... honneur... et vous ne dites rien ?

JEAN GIGOT.

Je n'ai rien senti.

RAISINET.

C'est un sens moral... qui lui manque... laissons-le avec son déshonneur. (Ils s'éloignent de lui pour l'isoler.)

TOUS.

Air de *la Favorite*.

Au lieu d'avoir recueilli le bonheur,
Sur son chemin il n'a trouvé personne.
Qu'ici chacun à son sort l'abandonne,
Qu'il reste seul avec son déshonneur !

JEAN GIGOT.

Je reste seul avec mon déshonneur !

Adieu !... je m'en vais... Je prends mon chapeau ! Je vais à la Bourse... ça me coûtera vingt sous. (Il met le chapeau de Pluvieux sur sa tête.)

PLUVIEUX, le reprenant.

Eh ben ! c'est mon chapeau !...

JEAN GIGOT.

Je prends mon chapeau. (Il prend la casquette de Raisinet.) Je vais chercher de la considération...

* L. J. G.

SCÈNE XVIII.

RAISINET, la reprenant.
Eh!... c'est ma casquette!..

JEAN GIGOT.
Soyez tranquilles!... je ne les aurais pas rapportés. Je vais chercher de la considération!.. (Criant.) Chand d' parapluies!..

ENSEMBLE.

Air : *Bon voyage, monsieur Dumollet.*

Bon voyage
Et n'y r'venez plus,
De votre argent faites un bon usage ;
Bon voyage
Et n'y r'venez plus,
Allez ailleurs porter vos sacs d'écus !

(Jean Gigot sort.)

RAISINET.
Oui, pour toujours, j'espère qu'il s'absente,
Et qu'entre nous désormais c'est fini !
D'être filou, si ce monsieur se vante,
Il a bien tort, vous êt's plus filous qu' lui !

PLUVIEUX.
Ah! nous en v'là débarrassés !

SCÈNE XVIII.

Les précédents, MALTIDE, sortant de la boutique de son père [*].

MALTIDE.
Mesdames et Messieurs... le dîner est servi.

PLUVIEUX.
Puisqu'il est servi... mangeons-le... bien qu'il n'y ait plus de futur...

RAISINET.
Un instant!.. Lisa, avez-vous encore mon cœur?

LISA.
Il est là... dans la poche de mon tablier... mais je l'ai un peu grignoté.

RAISINET.
J'ai réfléchi.. Je ne puis pas laisser une jeune fille à moitié mariée !.. Je prends la place de Jean Gigot.

TOUS, étonnés.
Ah!...

LISA.
Sérieusement?.. J'accepte.. mais il faut le consentement de mon père... c'est de rigueur... ce n'est pas que j'y tienne... mais où est-il ?

[*] M. R. L. mad. Ç. P.

TOUS.

Où est-il donc, le père d'Argent-Court?

D'ARGENT-COURT, dans la coulisse.

Me voilà!.. me voilà... (Il entre en scène *.) Je viens de rencontrer Jean Gigot... il m'a traité de polisson... moi... un vieux... un rabâcheur.. ma fille.. Raisinet.. tout le monde... Gymnase.. ancien colonel... M. Scribe... mes enfants...

RAISINET.

S'agit pas de tout ça... Voulez-vous de moi pour gendre?

D'ARGENT-COURT.

Pour geindre?

RAISINET.

Non, gendre!...

D'ARGENT-COURT.

J'en aimerais mieux un autre... mais dans la pénurie où je suis... je t'accepte...

Air des *Frères de lait*.

Sur mon cœur lorsque je vous presse,
Je sens se réveiller en moi
Tous mes souvenirs de jeunesse;
Oui, je ressens un doux émoi!
Mon cœur, mon sein, tout palpite chez moi!

RAISINET.

Ah! calmez-vous!..

D'ARGENT-COURT.

Non, mes enfants, de grâce,
Je suis trop plein d'un heureux souvenir!
Et, près de vous, lorsque je vous embrasse,
Je vois toujours le printemps revenir!

RAISINET.

Oh! bonheur! (A part à Lisa.) Seulement... j'espère que vous me direz si Dagobert?...

LISA, à Raisinet.

Vous le saurez plus tard.

RAISINET.

Il sera bien temps!

CHŒUR FINAL.

Air du *Savetier*.

Pour en finir, bien ou mal,
Nous allons vous dire,
Dire, dire, dire, dire,
Pour terminer, bien ou mal,
Chacun va vous dire
Son couplet final.

* M. R. L. D. mad. Ç. P.

SCÈNE XVIII.

VAUDEVILLE FINAL.

MALTIDE.

Le treize juin arrête
Notre sort à nous tous.
La queue de la comète
Va s'abattre sur nous!
La terre est moribonde,
Est-c' donc bien affligeant?
Avec la fin du monde
Nous verrons la fin d' notre argent.

PLUVIEUX.

Pour entrer à la Bourse
Il faut prendre un cachet;
Maint'nant, chacun débourse
Vingt sous au tourniquet.
C'est une heureus' ressource
Que d' payer en entrant,
Car, en sortant d' la Bourse,
Il ne m' reste jamais d'argent!

MADAME ÇAVATY.

Dans les feuilles publiques
Sur la question d'argent,
On a lu des critiques
Pour ou contre l'argent.
Chaque articl' redoutable
Qui défendait l'argent,
Ne valait pas le diable,
Pas même le diable d'argent.

D'ARGENT-COURT.

La question d'Helvétie
A pour nous peu d'attraits.
Les habitants de Berne
Se trouvent à Uri;
Neuchâtel et Gruyère
S'en plaignent... et, je crois,
Qu' c'est un' question d' fromage
Et qu' c' n'est pas un' question d'argent.

LISA.

Aux Variétés brille
Un pas irrégulier;
On y danse un quadrille
En veste de lancier.
Chaqu' lancier, je l'atteste,
Dans c' pas décourageant,
A remporté sa veste
Et n'a pas rapporté d'argent.

RAISINET.

Messieurs, sans périphrase,

Nous n' pouvons, décemment,
Vous dire qu'au Gymnase
Faut porter votre argent.
S'il s'agit d'un' recette,
V'nez ici... c'est urgent...
Franch'ment, ça nous embête
Quand les autr's théâtr's font d' l'argent.

CHŒUR.

Pour en finir, bien ou mal,

FIN.

LAGNY. — Imprimerie et Stéréotypie de VIALAT.

www.ingramcontent.com/pod-product-compliance
Lightning Source LLC
Chambersburg PA
CBHW060517050426
42451CB00009B/1033